돼지학교에 오신 것을
환영합니다!

백명식 글·그림

강화에서 태어나 서양화를 전공했습니다. 출판사 편집장을 지냈으며, 다양한 분야의 책과 사보, 잡지 등에 그림을 그리고 있습니다. 특히 어린이들이 좋아하는 책을 쓰고 그릴 때 가장 행복하다고 합니다. 그린 책으로는 《WHAT 왓? 자연과학편》《책 읽는 도깨비》《자연을 먹어요 시리즈》 등이 있으며, 쓰고 그린 책으로는 《인체과학 그림책 시리즈》《맛깔나는 책 시리즈》《저학년 스팀 스쿨 시리즈》 등이 있습니다. 소년한국일보 우수도서 일러스트상, 중앙광고대상, 서울일러스트상을 받았습니다.

김중곤 감수

서울대학교 의과대학을 졸업하고 서울대학교 대학원과 뉴욕주립대학교 대학원에서 공부했습니다. 현재 서울대학교 의과대학 소아청소년과 교수로 재직하고 있습니다. 감수한 책으로는 《인체과학 그림책 시리즈》 등이 있습니다.

뼈 속까지 들여다본 돼지

백명식 글·그림 | 김중곤 감수

초판 1쇄 발행일 2013년 11월 15일 | **초판 2쇄 발행일** 2020년 6월 18일
펴낸이 조기룡 | **펴낸곳** 내인생의책 | **등록번호** 제10호-2315호
주소 서울시 성동구 연무장5가길 7 현대테라스타워 E동 1403호
전화 (02)335-0449, 335-0445(편집) | **팩스** (02)6499-1165
전자우편 bookinmylife@naver.com | **홈카페** http://cafe.naver.com/thebookinmylife

ISBN 978-89-97980-67-3 74080
ISBN 978-89-97980-45-1 (세트)

ⓒ 백명식, 2013

책값은 뒤표지에 있습니다.
잘못된 책은 구입처에서 바꾸어 드립니다.

이 도서의 국립중앙도서관 출판시도서목록(CIP)은 e-CIP홈페이지(http://www.nl.go.kr/ecip)와 국가자료공동목록시스템(http://www.nl.go.kr/kolisnet)에서 이용하실 수 있습니다. (CIP제어번호: 2013022508)

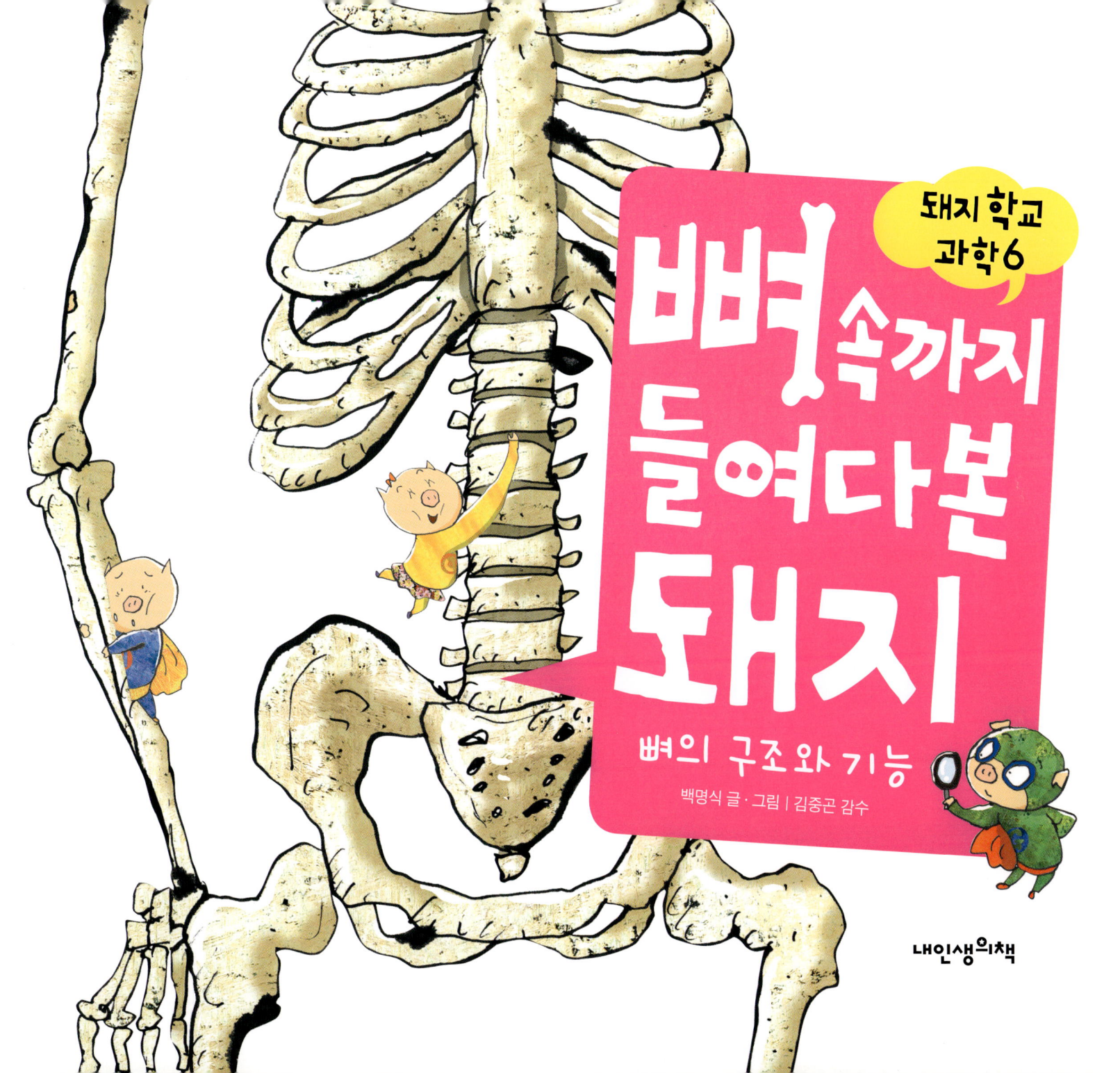

큰일 났어! 돼지 삼총사의 비밀 집이 와르르 무너져 있어.
"누가 그랬지?"
"늑대가 한 짓이 분명해."
데이지가 깜짝 놀라 묻자, 숲으로 난 늑대 발자국을 보고 도니가 소리쳤어.
늑대는 날카로운 발톱과 이빨을 가진 아주 사나운 동물이야.
숲 속에 살지만 깊은 밤이 되면 마을로 내려와 닭이나 돼지 같은 가축을 잡아가.
"늑대가 다시 오면 어떡하지?"
"비밀 집을 더 튼튼하게 지으면 돼."
무서워서 덜덜 떠는 데이지에게 도니가 자신 있게 대답했어.
"어떻게?"
"음, 그건 나도 몰라, 데이지. 우리 박사님께 물어보자."
도니는 삼총사를 데리고 박사님을 찾아갔어.

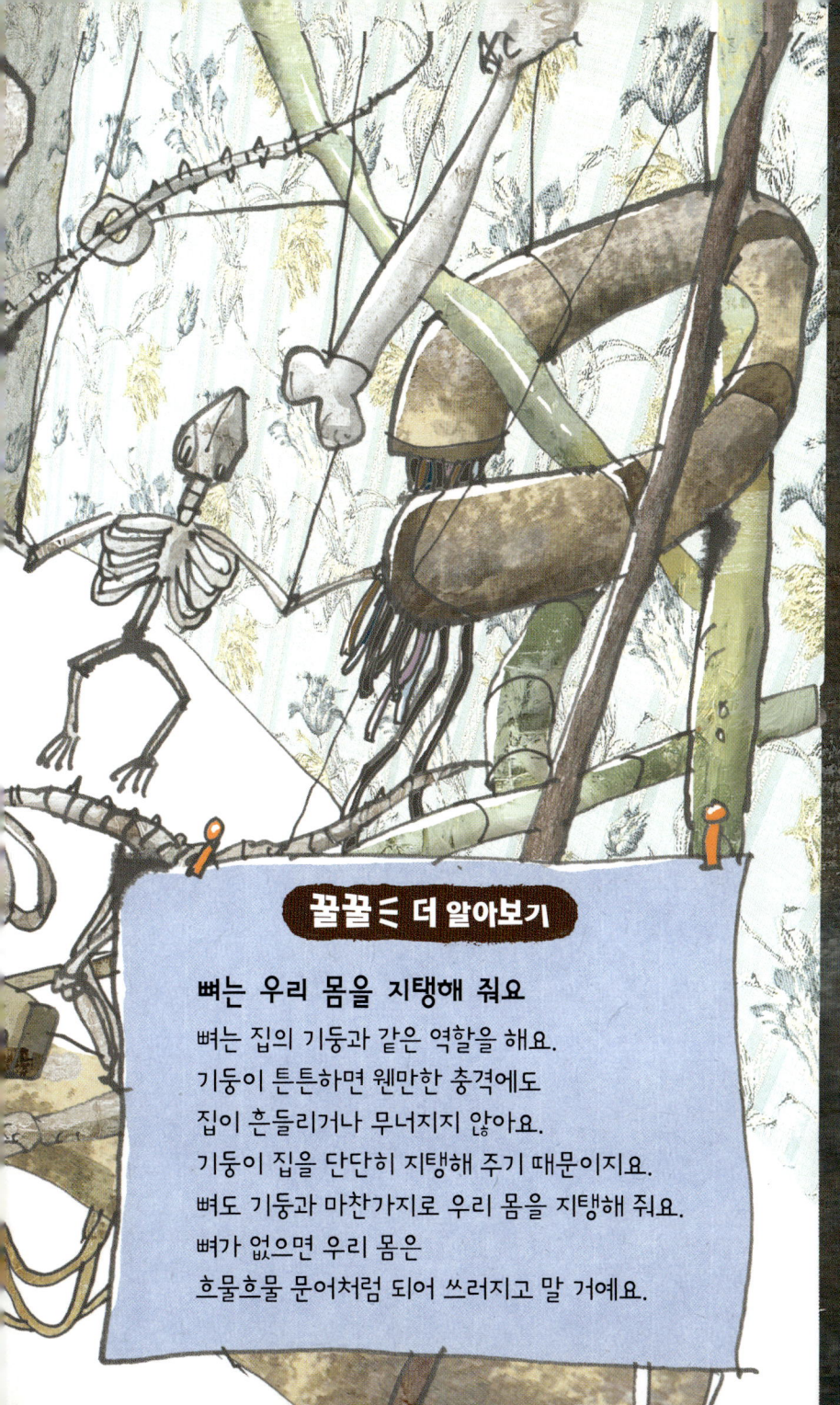

꿀꿀˛ 더 알아보기

뼈는 우리 몸을 지탱해 줘요
뼈는 집의 기둥과 같은 역할을 해요.
기둥이 튼튼하면 웬만한 충격에도
집이 흔들리거나 무너지지 않아요.
기둥이 집을 단단히 지탱해 주기 때문이지요.
뼈도 기둥과 마찬가지로 우리 몸을 지탱해 줘요.
뼈가 없으면 우리 몸은
흐물흐물 문어처럼 되어 쓰러지고 말 거예요.

돼지 삼총사는 박사님께
오늘 있었던 일을 이야기했어.
"하마터면 큰일 날 뻔했구나."
박사님이 걱정스러운 표정으로 말씀하셨어.
"박사님, 비밀 집을 튼튼하게 지으려면
어떻게 해야 하나요?"
도니가 박사님께 물었어.
"무엇보다도 기둥이 단단해야 해.
집이 무너지지 않게 집을 튼튼히
받쳐 줄 수 있게 말이지."
박사님의 대답을 듣자,
삼총사는 그제야 집을 지을 때
기둥을 세우지 않았던 것을 깨달았어.
기둥 없는 집이니 얼마나 쉽게 허물어졌겠어.
"얘들아, 우리 몸도 집이랑 마찬가지란다.
몸이 튼튼하려면 뼈가 튼튼해야 하지."
박사님이 계속 말씀하셨어.

"늑대가 다시 나타나면 가만두지 않을 거야."

"박사님, 뼈를 튼튼하게 만들어서 늑대를 물리칠래요."
도니가 박사님 말씀을 듣고는 어깨에 잔뜩 힘을 주고 말했어.
"뼈가 튼튼해진다고 늑대를 물리칠 수 있을까?"
데이지가 입을 삐죽거리며 도니에게 말했어.
"무슨 말씀, 이래 봬도 내가 우리 반 씨름 선수라는 것을 알아주면 고맙겠어."
도니가 메추라기알 크기만 한 알통을 볼록하게 내보이며 으스댔어.

"이 상어 이빨로 늑대 엉덩이를 힘껏 물어 줘야지."

꿀꿀 더 알아보기

우리 몸에 있는 뼈의 개수는?

어른은 206개의 뼈가 있어요.
하지만 갓난아기의 뼈는 말랑말랑한 350개의 조각으로 되어 있어요.
갓난아기의 뼈는 가늘고 약해서 부러지기 쉬워요.
그래서 쉽게 부러지지 않게 조각조각 나뉘어 있는 거예요.
갓난아기의 뼈는 자라면서 단단해지고 뼈끼리 합쳐져서 그 개수가 줄어들어요.
초등학생이 되면 대략 300개 정도로 되지요.

돼지 삼총사는 뼈가 몸을 지탱해 준다는 게 신기했어.
그래서 손가락으로 자기 몸 여기저기를 눌러 보며 뼈를 살폈지.
"이 뼈는 둥글둥글해." 도니가 무릎뼈를 만지며 말했어.
"이 뼈는 막대기처럼 길쭉해." 데이지가 팔뼈를 만지며 말했어.
그때 구들이 아저씨가 오셨어. 아저씨는 팔에 깁스를 하고 계셨어.
"아저씨, 팔 다치셨어요?"
"닭장을 고치려고 지붕에 올라갔다 그만 팔을 다쳤지 뭐냐.
이게 다 늑대 녀석 때문이야.
어젯밤 늑대 녀석이 닭장을 완전히 망가뜨리고 닭을 훔쳐 갔거든."
"나쁜 녀석 같으니라고. 잡히기만 해 봐라."
꾸리가 주먹을 불끈 쥐며 말했어.

"구들 씨, 이리로 와요. 뼈 검사를 해 봅시다."

"꾸리야, 참아."

꿀꿀 더 알아보기

요술쟁이 뼈

머리에서 발끝까지 우리 몸에 뼈가 없는 곳은 한 군데도 없어요.
뼈는 우리 몸무게의 15퍼센트 정도를 차지해요.
어른 뼈는 단단해서 비슷한 양의 콘크리트보다 4배나 강해요.
하지만 심한 운동을 하거나 넘어지면 부러지기도 해요.
뼈가 부러졌다고 걱정할 필요는 없어요.
뼈는 요술쟁이라서 제자리에 맞춰 놓으면 저절로 붙어요.

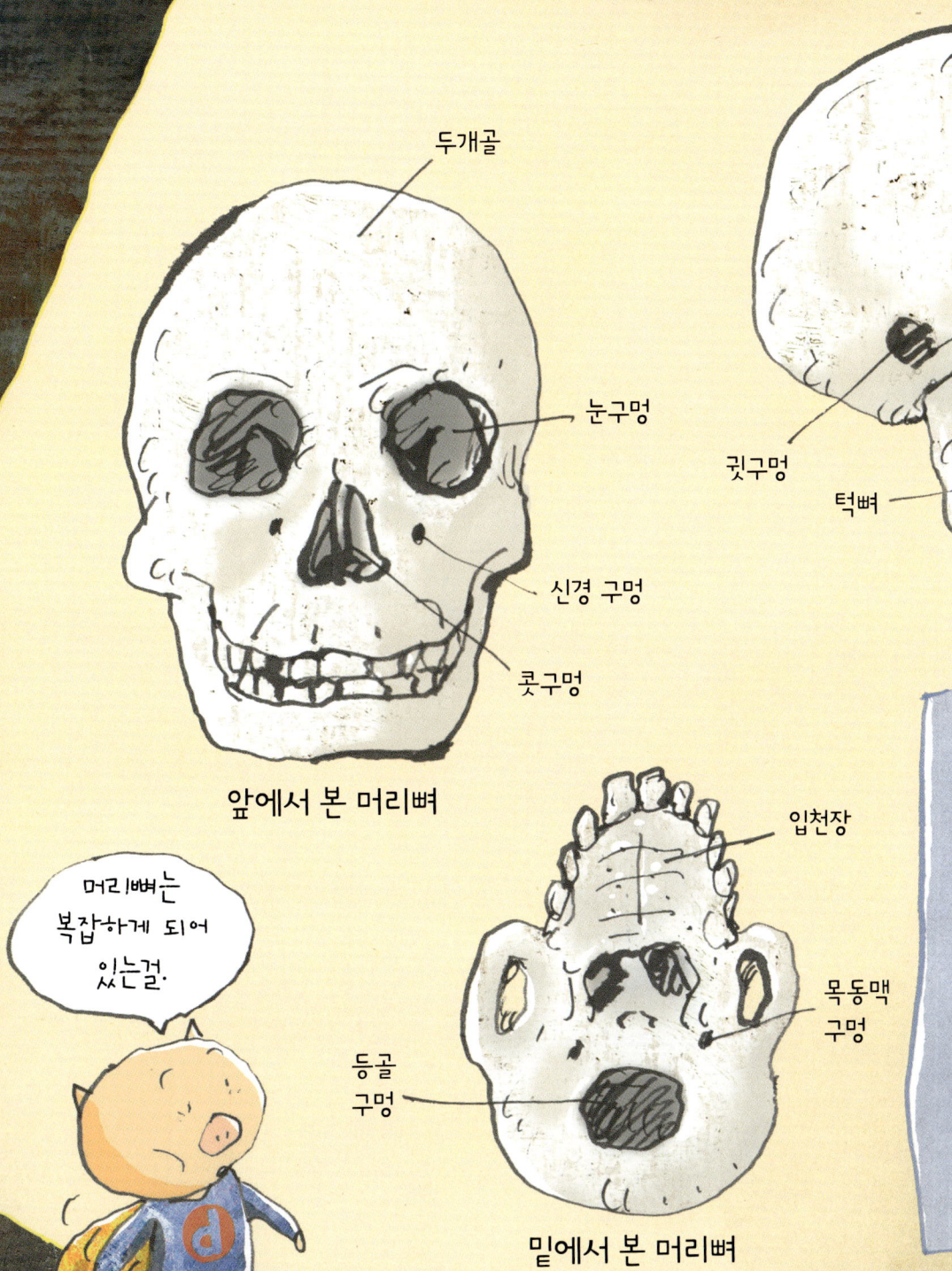

꿀꿀 더 알아보기

머리뼈가 하는 일

둥근 바가지 모양의 머리뼈는
그 속에 들어 있는 뇌와 눈과 속귀를 보호해요.
뇌가 쉽게 다치지 않는 것은 바로 머리뼈 덕분이지요.
머리뼈는 얼핏 보면 하나로 보이지만
23개의 뼈로 되어 있어요.
만약 뼈들이 제각각 움직인다면 걸을 때마다
덜컹덜컹 소리가 날지도 몰라요.
하지만 다행히 23개의 뼈는 단단히 맞물려 있어요.
그래도 입을 너무 크게 벌리면 턱뼈가 빠질 수 있어요.
아래턱뼈는 머리뼈 가운데 유일하게 움직이거든요.

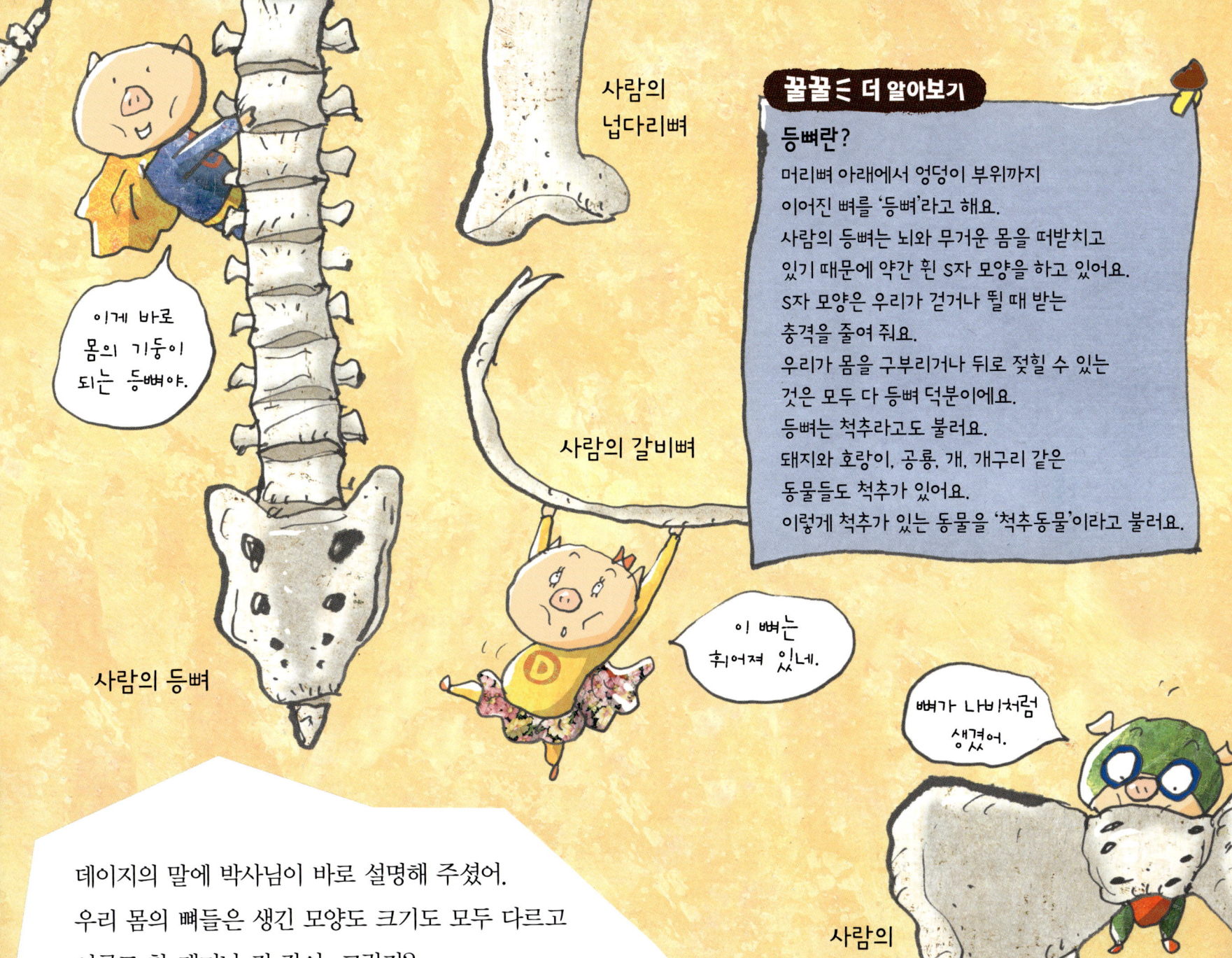

"박사님, 이 뼈는 이상하게 생겼어요!"
도니가 가슴 쪽에 있는 뼈를 가리키며 물었어.
"몸속의 내장을 보호해 주는 갈비뼈란다."
"앗, '돼지갈비' 할 때 그 갈비요?"
도니는 화들짝 놀라며 두 손으로 자기 가슴을 감쌌어.
늑대가 가장 좋아하는 게 바로 돼지갈비래.
그것도 나이 어린 돼지의 갈비!
도니는 늑대의 식탁 위에 올라간 자신을 상상하자
눈앞이 노래지는 거 같았어.
"뼈를 튼튼하게 만들어서 나쁜 늑대를 혼내 줄 거야."
이번에는 도니가 주먹을 불끈 쥐며 말했어.

"늑대가 나타나면 가만두지 않을 테다."
도니가 갑자기 벌떡 일어나 소리쳤어.
그러고는 팔을 휙휙 다리를 쭉쭉 휘둘렀어.
"아얏! 도니야, 진정하렴.
늑대가 나타나기 전에 내 팔이 남아나지 않겠다."
도니가 그만 아저씨의 깁스한 팔을 건드렸지 뭐야.
"아저씨, 죄송해요."
도니는 미안해서 어찌할 줄 몰랐어.

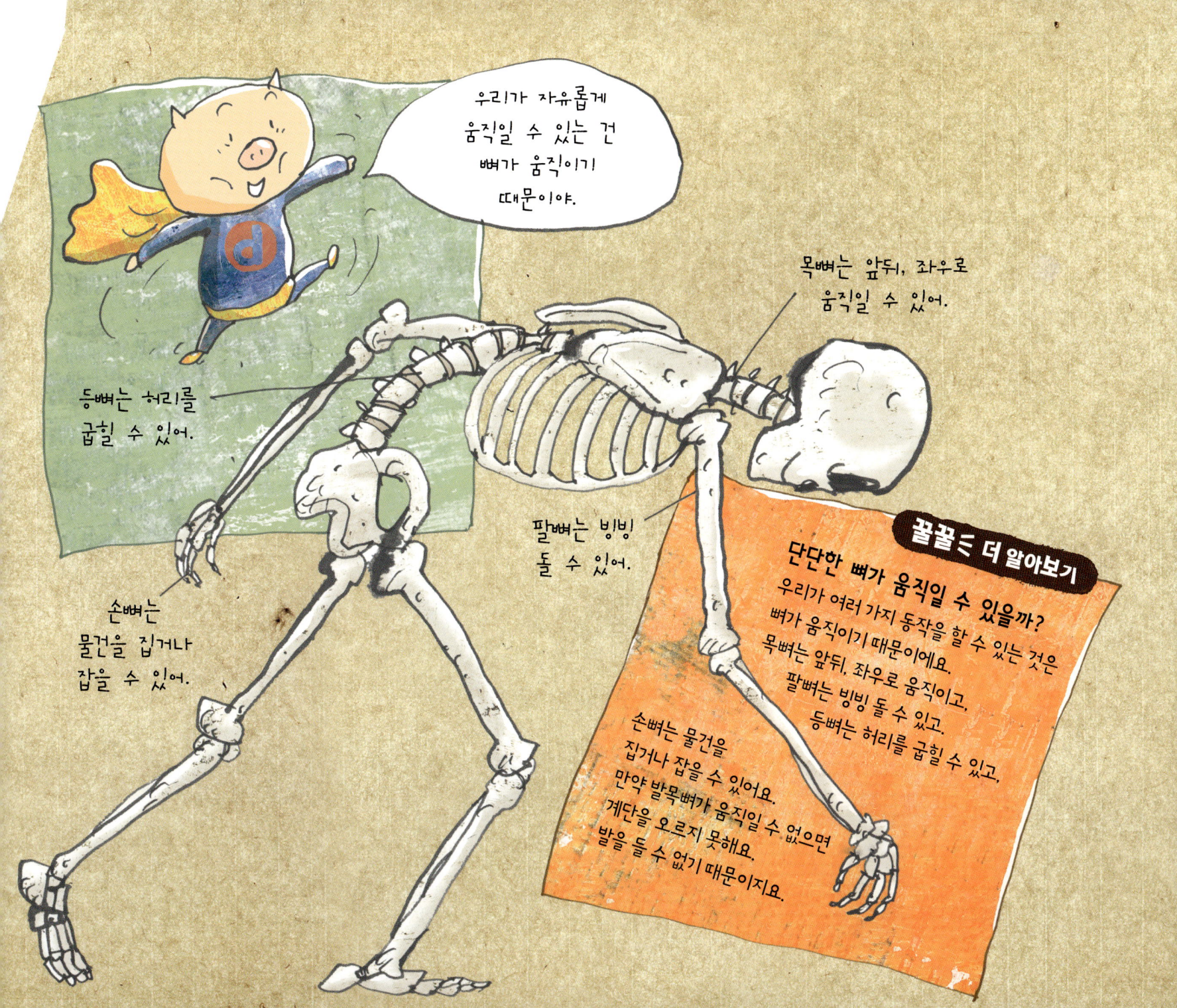

"아저씨, 아직도 많이 아파요?"
"이제 좀 괜찮아졌다."
도니가 걱정스레 묻자 아저씨가 대답했어.
"아저씨 팔은 사진을 보니까 부러지지 않은 것 같은데. 왜 깁스를 했을까?"
도니가 아저씨의 뼈 사진을 이리저리 훑어보고는 고개를 갸우뚱하며 중얼거렸어.
"보기엔 멀쩡해 보여도 인대가 좀 늘어났구나."
뼈 사진을 한참 들여다보던 박사님이 말씀하셨어.

"인대요? 인대가 뭐예요?"
삼총사가 한목소리로 박사님께 물었어.
"인대란 뼈와 뼈 사이를 연결해 주는 끈과 같은 것이란다."
박사님이 설명해 주셨어.

무릎 관절에도 인대가 있어.

맛있는 통닭에 있는 질긴 힘줄이 바로 인대였어.

꿀꿀ᛋ 더 알아보기

인대란?
뼈와 뼈는 인대로 이어져 있어요.
치킨을 먹을 때 질긴 줄을 본 적 있나요?
그게 바로 인대예요.
인대는 갑자기 심한 운동을 하면 끊어지기도 해요.
끊어진 인대는 다시 이어 줘야 해요.
안 그러면 뼈와 뼈가 연결이 안 되어 움직일 수가 없게 되지요.

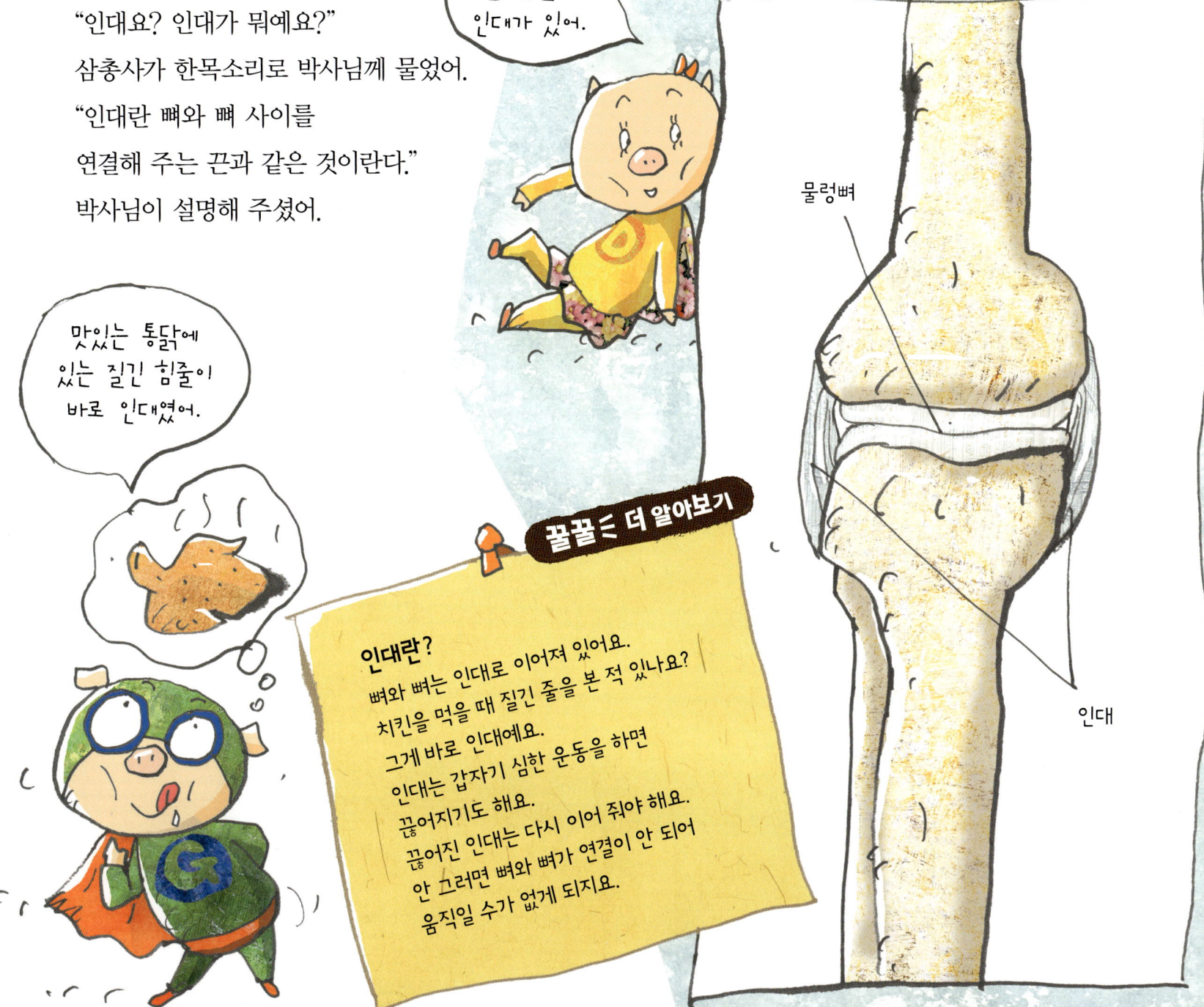

물렁뼈

인대

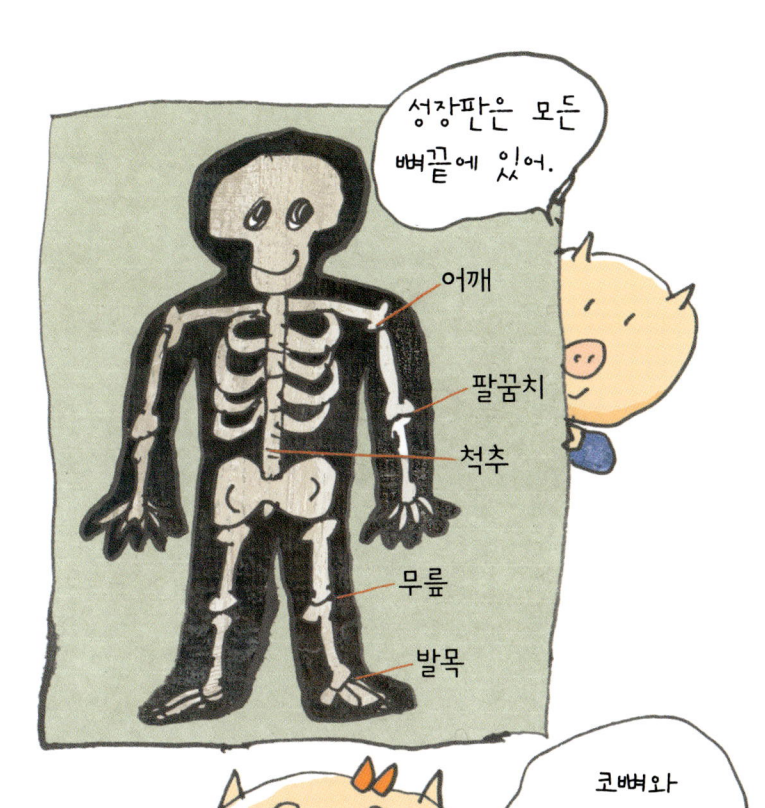

"박사님, 그런데 몸속의 뼈는 서로 맞물려 움직여도
왜 소리가 나지 않는 걸까요?"
도니가 물었어.
"뼈끝에는 물렁물렁한 물렁뼈가 있기 때문이지."
박사님이 말씀하셨어.
"아하! 뼈에 쿠션이 달린 거네요."
꾸리가 끼어들며 말했어.
"뼈 쿠션? 멋진 표현이다."
박사님은 쿠션이란 표현이 마음에 들었는지
빙그레 웃으셨어.

꿀꿀ś 더 알아보기

물렁뼈란?

물렁뼈는 '연골'이라고도 불러요.
물렁뼈는 젤리처럼 부드러워서
뼈끼리 부딪쳤을 때 생기는 충격을 줄여 줘요.
또 물렁뼈는 매우 유연해요.
그래서 귓바퀴를 비틀거나 접어도 바로 귓바퀴가
제 자리로 돌아오지요.
성장판도 바로 물렁뼈에 있어요.
성장판이 자라면 뼈가 커져서 키도 점점 커지게 되지요.
하지만 어른이 되면 물렁물렁한 성장판이 딱딱해져요.
이것을 "성장판이 닫혔다."고 말해요.

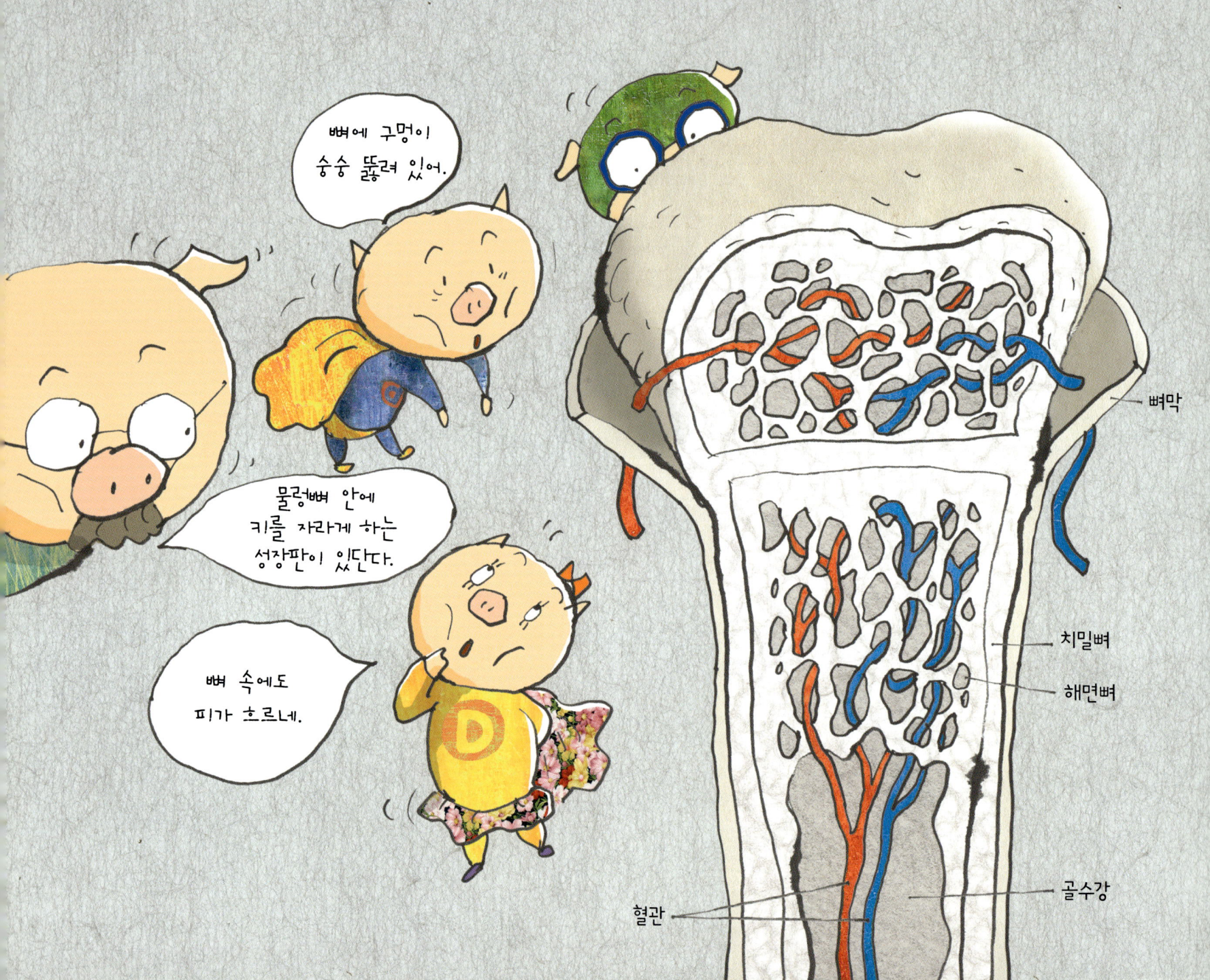

"박사님, 뼈 속에는 무엇이 들어 있나요?"
"음, 뼈 속에는 물이 들어 있을 거야."
"아니, 아니. 뼈 속에는 피가 들어 있어."
도니의 물음에 꾸리와 데이지가 자신 있게 자신들의 생각을 말했어.
그러자 박사님이 대답 대신 다른 사진을 보여 주셨어.
뼈 속을 찍은 사진이었어. 그런데 이게 웬일일까?
단단한 겉과 달리 뼈 속에는 작은 구멍이 숭숭 뚫려 있었어.
게다가 가장 안쪽은 텅텅 비어 있고 말이야.

정상적인 뼈

정상적인 뼈와 달리 구멍이 많이 뚫린 뼈는 약해.

구멍이 많이 뚫린 뼈

꿀꿀 더 알아보기

뼈의 구조

뼈의 표면은 뼈막으로 덮여 있어요.
뼈막은 피부처럼 뼈를 감싸고 있는 얇은 막이에요.
혈관과 신경이 있어 몸에 좋은 영양분과 감각을 전달하지요.
새로운 뼈를 만드는 곳도 바로 뼈막이에요.
뼈막 밑에는 틈이 없이 단단한 치밀뼈가 있고,
치밀뼈 아래는 스펀지처럼 구멍이 숭숭 나 있는 해면뼈가 있어요.
뼈 중심부에는 골수로 채워져 있는 골수강이 있어요.
골수에서 피를 만들어요.

"너희들 뼈 속에서 피가 만들어진다는 것을 아니?"
박사님 말씀에 모두들 고개를 갸웃거렸어.
"네? 뼈 속에서 피가 만들어진다고요?"
도니가 박사님 말씀을 믿을 수 없다는 듯 되물었어.
"정확히 말하면 뼈 속에 든 골수에서 피가 만들어지지."
"골수요? 아, 맞다. 우리 반 친구가 백혈병에 걸렸는데
골수 이식을 한다는 말을 들은 적이 있어요."
도니가 걱정스런 표정으로 말했어.
"백혈병은 고치기 힘든 병이지만
맞는 골수를 찾아 이식하면 치료할 수 있어."
박사님 말씀을 듣고 삼총사는 백혈병에 걸린 친구를 위해 기도했어.

꿀꿀 더 알아보기

골수에 이상이 생기면?
피를 만드는 골수에 이상이 생기면 백혈병에 걸려요.
백혈병에 걸리면 골수가 피를 제대로 만들지 못해요.
그래서 건강한 골수를 이식받아야 하지요.
골수 이식은 건강한 사람의 골수를 이식해서 정상적으로 피를 만들게 하는 거예요.

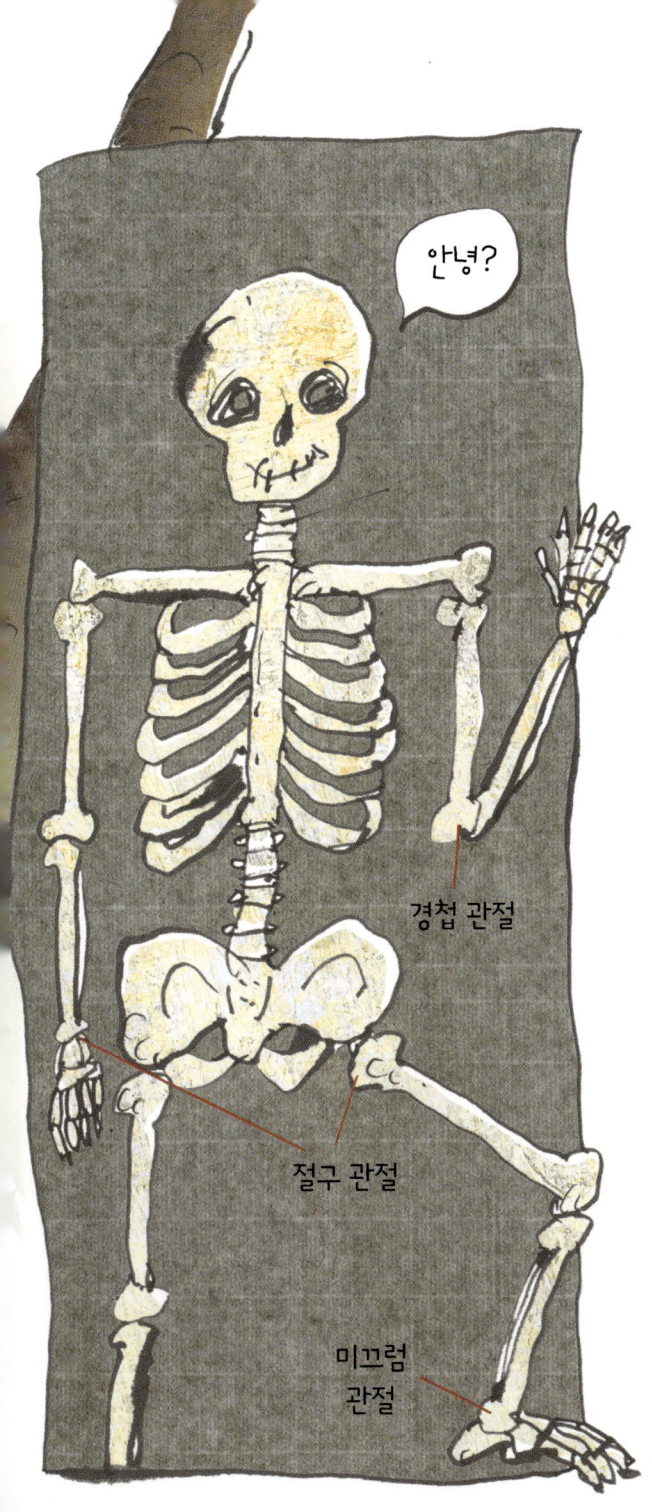

돼지 삼총사는 비밀 집을 다시 튼튼하게 지으려고 해.
이번에는 튼튼한 통나무로 짓기로 했어.
하지만 나무로 어떻게 튼튼한 뼈대를 만들지 몰랐어.
그래서 삼총사는 다시 박사님을 찾아갔어.
"박사님, 뼈대를 만들 나무는 구했는데
어떻게 해야 좋을지 모르겠어요."
그러자 박사님은 다시 뼈 사진을 보여 주셨어.
"여기를 잘 보아라. 뼈와 뼈를 관절이 서로 연결해 주고 있지?"
"아, 그럼 우리도 나무와 나무를 연결해 주는
관절을 만들면 되겠네요."
박사님의 말씀을 듣고 꾸리가 자신 있게 말했어.

꿀꿀ミ 더 알아보기

관절이란?

뼈와 뼈 사이가 연결되어 있는 곳을 '관절'이라고 해요.
뼈의 모양이 다양한 것처럼 관절도 모양이 여러 가지예요.
무릎과 팔꿈치에 있는 경첩 관절은 문의 경첩처럼 생겼어요.
그래서 앞뒤로만 굽혔다 폈 수 있어요.
팔뼈와 넙다리뼈에 있는 절구 관절은 공처럼 생겨서
여러 방향으로 움직일 수 있어요.
발목뼈에 있는 미끄럼 관절은 미끄럼틀처럼 생겨서
위아래나 좌우로 미끄러지듯 움직이지요.

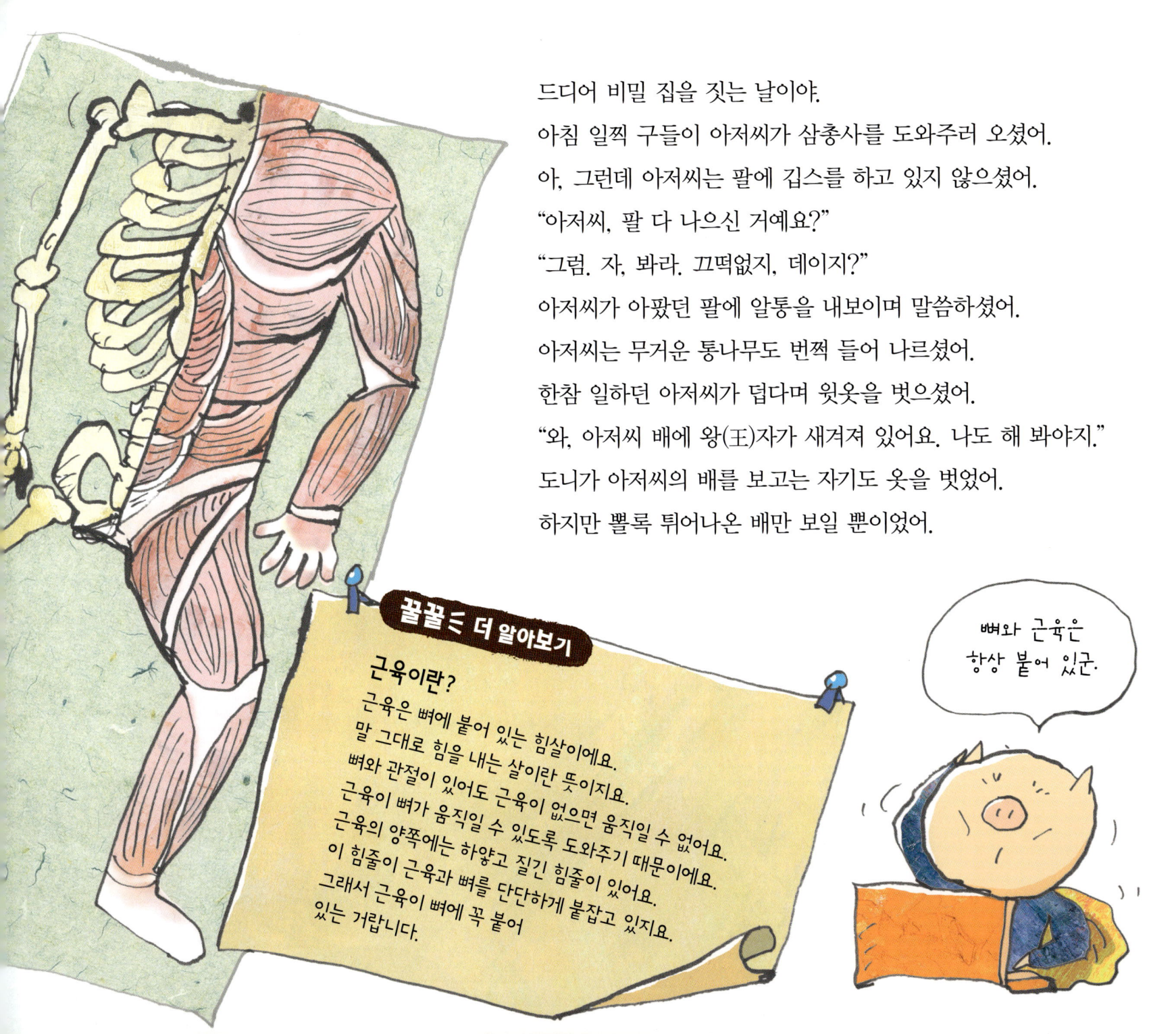

드디어 비밀 집을 짓는 날이야.
아침 일찍 구들이 아저씨가 삼총사를 도와주러 오셨어.
아, 그런데 아저씨는 팔에 깁스를 하고 있지 않으셨어.
"아저씨, 팔 다 나으신 거예요?"
"그럼. 자, 봐라. 끄떡없지, 데이지?"
아저씨가 아팠던 팔에 알통을 내보이며 말씀하셨어.
아저씨는 무거운 통나무도 번쩍 들어 나르셨어.
한참 일하던 아저씨가 덥다며 윗옷을 벗으셨어.
"와, 아저씨 배에 왕(王)자가 새겨져 있어요. 나도 해 봐야지."
도니가 아저씨의 배를 보고는 자기도 옷을 벗었어.
하지만 뽈록 튀어나온 배만 보일 뿐이었어.

꿀꿀 더 알아보기

근육이란?

근육은 뼈에 붙어 있는 힘살이에요.
말 그대로 힘을 내는 살이란 뜻이지요.
뼈와 관절이 있어도 근육이 없으면 움직일 수 없어요.
근육이 뼈가 움직일 수 있도록 도와주기 때문이에요.
근육의 양쪽에는 하얗고 질긴 힘줄이 있어요.
이 힘줄이 근육과 뼈를 단단하게 붙잡고 있지요.
그래서 근육이 뼈에 꼭 붙어 있는 거랍니다.

> 뼈와 근육은 항상 붙어 있군.

"아저씨 몸은 왜 이렇게 멋져요?"
도니가 구들이 아저씨를 빤히 쳐다보며 물었어.
"규칙적으로 운동하고 잘 먹으면 너희도 멋진 몸매를 가질 수 있단다."
구들이 아저씨가 빙그레 웃으며 말씀하셨어.
"정말요?"
도니와 꾸리가 활짝 웃었어.
몸짱이 된 자신을 상상하니 기분이 날아갈 것 같았거든.
해가 질 즈음, 드디어 멋진 비밀 집이 완성되었어.
삼총사는 아쉽지만 각자 집으로 돌아갔어.

꿀꿀< 더 알아보기

뼈에 좋은 음식

뼈는 칼슘과 비타민D를 좋아해요.
특히 성장기 아이들은
뼈가 계속 자라야 하기 때문에
칼슘과 비타민D가 많이 든 음식을
꼭 먹어야 해요.
죽순, 멸치, 두부, 버섯, 우유, 치즈,
시금치, 당근 등이 뼈에 좋아요.
그러니까 평소에 즐겨 먹도록 해요.

칼슘과 비타민D가 많이 든 음식을 먹으면 뼈가 튼튼해진단다.

꿀꿀< 더 알아보기

근육을 강하게 하려면?

운동을 하면 근육이
더 굵어지고 강해져요.
하지만 운동을 하지 않으면
근육은 가늘고 약해지지요.

다음 날 아침, 돼지 삼총사는 새로 지은 비밀 집으로
박사님과 구들이 아저씨를 초대했어.
"아이고, 팔이야."
데이지가 아프다며 골골댔어.
"나도 온몸이 아파. 어제 너무 무리한 것 같아."
도니도 끙끙대며 말했어.
"너무 무리하는 건 오히려 뼈와 근육에 좋지 않단다."
박사님이 도니와 데이지의 아픈 다리와 팔을
주무르며 말씀하셨어.

꿀꿀 더 알아보기

근육은 왜 아플까?

근육을 쓰면 젖산이라는 물질이 생겨요.
갑자기 운동을 심하게 하면,
젖산이 많이 생겨 우리 몸에 쌓이게 돼요.
그럼 피곤하고 근육이 욱신거리며 아파요.
그래서 빨리 근육 속의 젖산을 내보내야 해요.
아픈 곳을 주무르거나 따뜻하게 하면
피가 잘 돌게 되어 젖산을 빨리 내보낼 수 있어요.

"늑대를 혼내 줄 좋은 방법이 생각났어."
누워 있던 도니가
갑자기 벌떡 일어나며 말했어.
"뭔데?"
도니의 말에 데이지가
눈을 동그랗게 뜨고 물었어.
"늑대가 나타날 만한 곳에
호랑이나 표범의 뼈를 놓아두는 거야."
도니가 대답했어.

동물마다 뼈가 다 다르네.

소의 다리뼈

말의 다리뼈

타조의 다리뼈

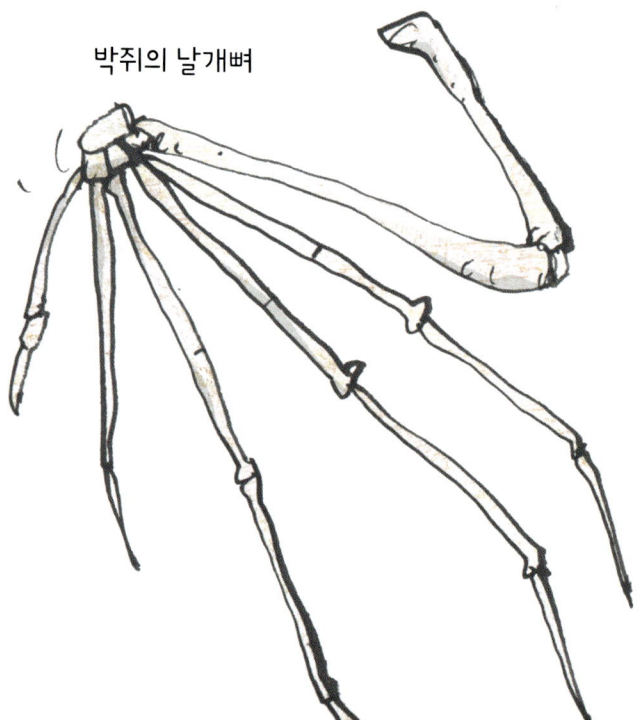

박쥐의 날개뼈

호랑이의 어깨뼈

"그럼, 늑대가 호랑이나 표범이 있는 줄 알고
나타나지 않는다, 이거지?"
데이지가 눈을 반짝이며 말했어.
"딩동댕, 바로 맞혔어."
도니가 방긋 웃으며 말했어.
"우아!"
삼총사와 박사님 모두 도니의 생각을 칭찬했어.
그런데 호랑이와 표범의 뼈를 어디서 구하지?

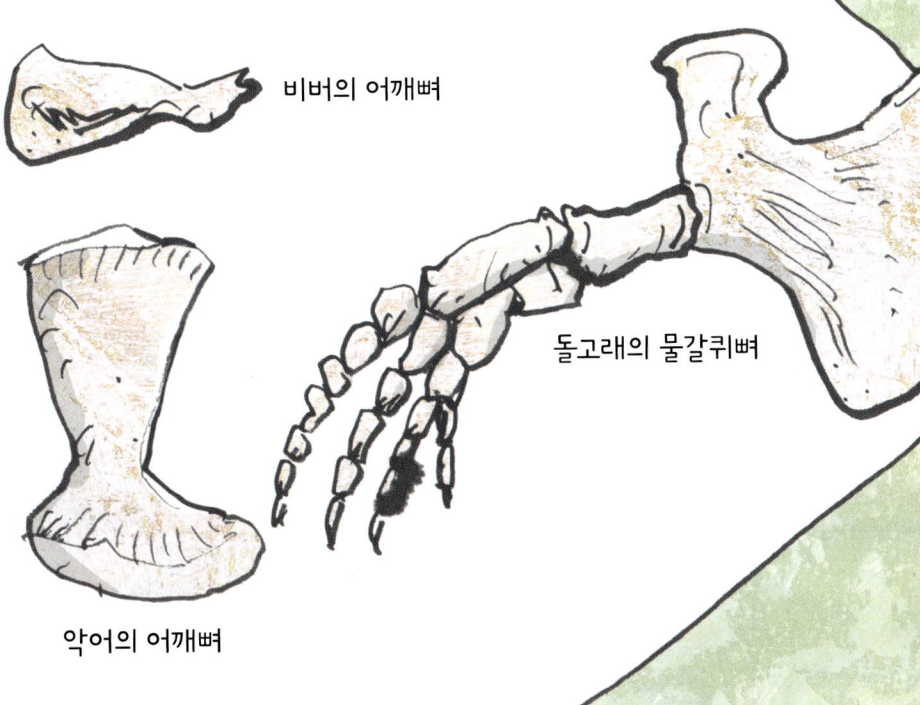

비버의 어깨뼈

돌고래의 물갈퀴뼈

악어의 어깨뼈

꿀꿀 더 알아보기

똑똑한 뼈!
뼈로 여자인지 남자인지 알 수 있어요.
여자는 아기를 낳기 때문에
골반이 남자보다 더 발달되어 있지요.
뼈로 눈, 코, 입, 이마 등 생김새뿐만 아니라
키와 체격도 알 수 있어요.
사람의 경우 넙다리뼈의 길이가
키의 4분의 1을 차지해요.
그래서 넙다리뼈의 길이로
아기인지 노인인지 몇 살인지 대략 알 수 있지요.
또한 동물의 뼈로 그 동물이
무슨 동물인지도 알아낼 수 있어요.

삼총사가 집으로 돌아가는 길.
아까부터 검은 그림자가 삼총사를 쫓아오고 있었어.
"누가 우리를 따라오고 있어."
데이지가 조그마한 소리로 말했어.
"혹시, 늑대? 애들아, 빨리 도망쳐!"
갑자기 도니가 소리치며 달리기 시작했어.
데이지와 꾸리도 얼떨결에 도니를 따라 달렸어.
하지만 검은 그림자는 계속 뒤따라왔어.
그러더니 순식간에 삼총사를 따라잡고는 꾸리 어깨를 덥석 잡았어.
"으악!"
꾸리가 비명을 지르며 뒤로 자빠졌어.
뒤에는 구들이 아저씨가 숨을 몰아쉬며 서 계셨어.
"아무래도 너희들끼리 보내는 것이 걱정이 돼서 쫓아왔단다. 헉헉."
"아저씨, 놀랐잖아요. 앞으로는 인기척 좀 내고 다니세요."
데이지가 안도의 한숨을 푹 내쉬며 말했어.

용감한 돼지 삼총사와 떠나는 창의적 융합과학 교과서

돼지학교 과학

돼지학교 시리즈는 초등 과학의 4가지 영역인 생명, 지구와 우주, 물질, 운동과 에너지 분야를 재미있는 이야기를 통해 아이들 스스로 과학적 지식을 익힐 수 있게 구성된 과학책입니다. 돼지 삼총사와 함께 떠나는 신 나는 과학 여행! 그 속에서 여러 가지 미션을 수행하며 자연스럽게 창의적 문제 해결력을 키울 수 있습니다.

한 권 한 권 읽을 때마다 과학 지식이 차곡차곡!

돼지 삼총사와 떠나는 모험으로 과학적 호기심이 쑥쑥!

흥미로운 이야기로 창의적 문제 해결력이 팍팍!

돼지학교 과학

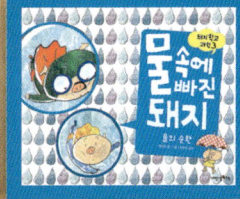

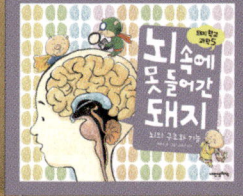

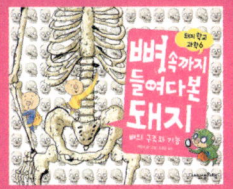

돼지학교 과학 7	돼지학교 과학 8	돼지학교 과학 9	돼지학교 과학 10
달에 간 돼지	빙하로 간 돼지	씨앗 속으로 들어간 돼지	곤충 몸속으로 들어간 돼지
지구와 달	기후변화	식물	곤충

돼지학교 과학 11	돼지학교 과학 12	돼지학교 과학 13	돼지학교 과학 14	돼지학교 과학 15
자동차 속으로 들어간 돼지	갯벌에 빠진 돼지	미생물을 연구하는 돼지	땅속으로 들어간 돼지	열 받은 돼지
교통과학	갯벌	미생물	지층과 화석	핵과 에너지

돼지학교 과학 16	돼지학교 과학 17	돼지학교 과학 18	돼지학교 과학 19	돼지학교 과학 20
로켓을 탄 돼지	알을 탐험하는 돼지	바다로 들어간 돼지	마법 부리는 돼지	로봇 속으로 들어간 돼지
로켓과 탐사선	알과 껍데기	고래	산과 염기	로봇